PUBLICATION

DES

DISTANCES LÉGALES

DES

PRINCIPALES VILLES DE FRANCE ET D'EUROPE,

AVEC INDICATION DU CHIFFRE DES POPULATIONS.

PAR

M. A. AVENAU.

1er TABLEAU. — Distances de Paris

AVEC UNE NOTICE.

PARIS

IMPRIMERIE CENTRALE DE NAPOLÉON CHAIX ET Cie,

Rue Neuve-des-Bons-Enfants, 7.

1847

PUBLICATION DES DISTANCES LÉGALES.

1er TABLEAU.

DISTANCES LÉGALES DE PARIS

AUX PRINCIPALES VILLES DE FRANCE.

En offrant au public un ouvrage simple, d'une utilité pratique et générale, et à la portée de toutes les intelligences, c'est, nous le pensons, comprendre les besoins de son époque et marcher dans la voie du progrès.

Ce n'était pas un petit travail que de déterminer les distances légales des villes les plus importantes de France aux principaux points, et de doter chaque localité d'un tableau spécial qui lui indiquàt sa position. Ceux qui sont familiarisés avec les connaissances géographiques comprendront sans peine ce qu'il a fallu de temps, de patience et de soins pour combler cette importante lacune d'une science que tout le monde a besoin de connaître, et devant laquelle ont reculé les ingénieurs et les géographes les plus versés dans l'art de tracer des itinéraires.

On a trop peu réfléchi sur les avantages d'une semblable publication pour toutes les classes de la société, depuis l'administrateur, le notaire, l'avoué et tous les officiers ministériels, jusqu'au banquier, négociant, administrateur de Compagnie d'assurances et de voitures publiques, commissionnaire de roulage, hôtelier, etc., etc.

En publiant, pour chaque ville, le tableau des distances qui lui sont relatives, c'est, incontestablement, toucher à un point important de l'éducation géographique de ses habitants, et rendre, en même temps, service à son commerce et à son industrie. Nos tableaux seront donc un auxiliaire indispensable aux relations administratives, judiciaires, financières, commerciales et industrielles, ainsi qu'aux personnes qui sont appelées à voyager. Les familles et les maisons d'éducation y trouveront aussi le complément de l'instruction géographique à donner aux enfants.

Les encouragements que nous avons reçus de l'Administration nous sont un trop précieux témoignage pour ne pas les placer sous les yeux de nos lecteurs.

Lettre de M. le Ministre de l'Instruction publique, Grand-Maître de l'Université, à M. Avenau.

Monsieur, j'ai reçu les tableaux spéciaux des distances légales de plusieurs villes de France que vous m'avez adressés. J'apprécie beaucoup l'utilité et l'importance d'un pareil travail, qui manquait à l'Administration, et dont elle se servira avec avantage.

J'ai donné des ordres pour que vos tableaux soient placés dans les bibliothèques de mon département.

Recevez, Monsieur, l'assurance de ma parfaite considération.

5 février 1844.

Le Ministre de l'Instruction publique, Grand-Maître de l'Université,

Signé : VILLEMAIN.

Lettre de M. le Ministre de l'Intérieur à M. Avenau.

Monsieur, vous m'avez adressé plusieurs tableaux de distances légales des principales villes de France, que vous êtes dans l'intention de publier. Je vous remercie de l'envoi de ces documents intéressants, qui offrent une véritable utilité pratique, et dont l'Administration éprouvait depuis longtemps le besoin.

J'ai fait placer vos tableaux dans les bibliothèques de mon ministère.

Recevez, Monsieur, l'assurance de ma considération très-distinguée.

14 février 1844.

Pour le Ministre de l'Intérieur :

Le Sous-Secrétaire d'État,

Signé : A. PASSY.

1847

NOTICE SUR PARIS.

Paris. — Cette ville, qui compte aujourd'hui 935,261 habitants, est le centre du monde : les peuples mesurent leur avenir sur son attitude ; un seul de ses mouvements ébranle les empires : quand le canon gronde dans ses rues, il retentit aux quatre coins du globe ; c'est la voix qui réveille les nations ; leur cri de liberté n'en est que l'écho. La civilisation y a son foyer : c'est là qu'elle s'élabore, qu'elle grandit ; nos armes en ont dispersé les étincelles sur les contrées voisines. Toute gloire en germe s'y vient développer ; tout génie qui passe dans le monde y fait son mystérieux pèlerinage ; il y vient chercher son sceau d'immortalité ; car Paris est la patrie du genre humain.

Paris était connu, longtemps avant la naissance de Jésus-Christ, sous le nom de Lutèce (*Lutetia*). Le territoire des Parisiens, composé de la ville et de la tribu gauloise des Parisis, était alors une frontière qui séparait les Sénones et les Carnutes des Silvanectes.

L'an 55 avant Jésus-Christ, César avait convoqué les chefs gaulois à Lutèce, e l'année suivante les Gaules se soulevèrent César, vainqueur enfin après plusieurs échecs, fit rebâtir Lutèce et l'enceignit de murailles.

Cette ville s'agrandit au nord, en dehors de l'île, pendant la domination romaine, et devint la résidence du gouverneur des Gaules. Julien y reçut le nom d'Auguste après avoir embelli et rebâti le palais des Thermes Saint Denis y prêcha l'évangile et y reçut le martyre vers l'an 245.

En 465, Chilperic Ier, chef des Francs, chassa les Romains de Paris, et en 508, son fils Clovis y établit le siége de son empire. Ce prince fit bâtir une basilique à sainte Geneviève, qui mourut sous son règne.

C'est en 524 que Childebert prit le titre de roi de Paris. Il y fit bâtir Notre-Dame, l'abbaye de Saint-Germain-des-Prés et Saint-Germain-l'Auxerrois : il mourut en 568.

Paris fut sous la première race le patrimoine des rois ; mais les bourgeois conservèrent leurs priviléges.

Cette ville fut rarement la résidence des rois carlovingiens. Dans une visite, faite en 779, Charlemagne y établit cependant une école. Sous les successeurs de ce grand prince, Paris appartint en propre au comte héréditaire de France.

Les Normands, qui y mirent plusieurs fois le siége, le saccagèrent en 845, 856 et 864. La belle défense des Parisiens, sous le comte Heudes, est assez connue.

Hugues Capet, duc des Francs, maître de la couronne dont il s'empara, fit de Paris la capitale de son royaume, et du palais de Justice le siége de son gouvernement. La ville s'agrandit alors sur l'une et l'autre rive de la Seine.

Philippe-Auguste fit construire un nouveau mur d'enceinte, depuis le Louvre jusqu'au quai des Ormes, en passant par la rue Saint-Honoré, la Pointe-Saint-Eustache, la rue Barbette, la place Beaudoyer. L'enceinte méridionale allait du pont des Arts au pont de la Tournelle, en passant par le carrefour Bussy, la place Saint-Michel, la rue des Fossés-Saint-Bernard. Des portes servirent à l'entrée de la ville et à sa défense.

Ce fut sous son règne que furent jetés les fondements de la basilique actuelle de Notre Dame, et que furent construits la tour du Louvre, les églises Saint-Honoré, Saint-Thomas et Saint-Nicolas-du-Louvre, et l'hôpital de la Trinité.

Il créa le Châtelet, où il rendait lui-même la justice, l'École de médecine, les Quinze-Vingts, et il dota l'Hôtel-Dieu.

Philippe le Long fixa le parlement à Paris en 1319 Il y établit la Cour des comptes, celles des aides et des monnaies.

Après la défaite de Poitiers, en 1356, le prévôt des marchands, Marcel, commença les travaux d'une quatrième enceinte. La ville s'agrandit près du boulevart, depuis l'Arsenal à la porte Saint-Denis, en suivant par les rues Bourbon-Villeneuve, Neuve-Saint-Eustache et l'emplacement du Palais-Royal jusqu'à la rue du Rempart-Saint-Honoré, la rue Saint-Nicaise, et aboutissant au pont du Carrousel. Les portes Saint-Antoine ou de la Bastille, du Temple, Saint-Martin, Saint-Denis, Montmartre, Saint Honoré en défendaient l'entrée. Les bords de la Seine avaient quatre tours, dites *de bois*, près du Louvre ; de Nesle, de l'autre côté, vers la rue des Petits Augustins. Au levant étaient la Tournelle et la tour Billy, près les Célestins. De grosses chaînes défendaient le passage de la rivière.

Dans le XVe siècle, une épidémie fit périr une grande partie des habitants : le massacre des Armagnacs et la disette en emportèrent beaucoup d'autres.

De 1420 à 1436, Paris fut au pouvoir des Anglais.

Sous Louis XI, la Bibliothèque royale fut enrichie d'un grand nombre de volumes, l'imprimerie protégée et la poste aux lettres établie.

Charles VIII posa la première pierre de la Ville-l'Évêque.

Sous François Ier, Paris s'avança à l'ouest, jusques et compris le jardin des Tuileries. Les ordres grecs commencèrent alors à être employés dans les édifices. Les églises de Saint Gervais, de Saint-Méry, l'Hôtel-de-Ville furent rebâtis et restaurés, et le Louvre fut recommencé sur un nouveau plan.

Malgré les troubles religieux et les massacres de la Saint-Barthélemy, on vit encore s'élever le château des Tuileries, l'hôtel de Soissons et le collége de Clermont.

La ligue chassa Henri III de sa bonne ville de Paris ; néanmoins le couvent des Capucins, celui des Jésuites (rue Saint-Antoine), le monastère des Feuillants s'élevèrent sous son règne, et l'hôtel de Bourgogne et le Pont-Neuf furent commencés.

Après cinq ans de guerre civile, Paris ouvrit ses portes à Henri IV le 22 mars 1594. Il se rendit au Louvre, puis à Notre-Dame. Son règne vit s'élever l'hôpital Saint-Louis, le Pont-Neuf et les Tuileries.

Sous Louis XIII furent bâtis le Luxembourg, le Palais-Royal, le pont Marie, le pont de la Tournelle et le pont au Change actuel. On éleva le portail de Saint-Gervais, l'église Saint-Roch, l'Oratoire, l'abbaye du Val-de-Grâce, les Madelonettes, les hôpitaux des Incurables, de la Pitié, de la Salpêtrière, des Enfants-Trouvés, la Sorbonne ; le jardin des Plantes date de ce temps Sous ce règne, les limites de Paris s'avancèrent du côté de la rue Saint-Marc, à peu près jusqu'au boulevard intérieur. La porte Saint-Honoré fut rapportée à la la rue Royale, et la porte Montmartre à la rue des Jeûneurs. Le faubourg Saint-Honoré rejoignit le village du Roule et la Ville-l'Évêque ; le faubourg Saint-Antoine se joignit aux villages de Popincourt et de Reuilly.

Après les guerres de la Fronde, Colbert vint donner l'essor au grand siècle.

Sous Louis XIV, en 1667, l'enceinte de Paris fut encore reculée ;

Chaillot devint un de ses faubourgs : les remparts furent abattus et remplacés par des promenades plantées d'arbres. Des arcs de triomphe furent élevés aux portes de Paris, au lieu des anciennes poternes. De magnifiques places furent construites. Ce règne vit encore s'élever la belle colonnade du Louvre, les Invalides, l'Observatoire, le collège des Quatre-Nations, les Gobelins; Saint-Sulpice fut commencé, le Pont-Royal édifié, le jardin des Tuileries et les Champs-Élysées furent plantés.

Le règne de Louis XV agrandit la ville de Paris, qui prit pour limites la ligne actuelle des boulevards intérieurs; il construisit le Garde-Meuble, le Palais-Bourbon, l'École militaire, l'École de droit, l'École de chirurgie, l'Hôtel des monnaies, l'église Sainte-Geneviève (le Panthéon), celle de Saint-Philippe du Roule et la Halle au blé. Sous ce règne les réverbères furent substitués aux lanternes.

Louis XVI ne put rien faire pour sa capitale, et il eut la douleur de voir détruire par des actes de vandalisme les hôtels, les temples, les statues.

Quand les proconsuls succombèrent eux-mêmes après s'être entre-dévorés, la Convention réorganisa l'Institut, l'École normale, l'École polytechnique. Le Directoire continua l'œuvre.

Enfin parut le grand génie qui allait rétablir l'ordre et multiplier les créations nouvelles. Sous sa main puissante des monuments s'érigent de toutes parts, les ponts d'Austerlitz, des Arts, d'Iéna; des halles, des marchés sont construits. Le Louvre est achevé, la place du Carrousel embellie, une galerie nouvelle doit unir les Tuileries au Louvre. Toutes les merveilles de ce règne, dont l'énumération serait trop longue, sont là sous nos yeux.

Délivré des ennemis de la France, Louis XVIII s'occupa aussi d'améliorations. Les canaux, l'entrepôt des vins, le grenier de réserve, des halles et marchés furent terminés.

Charles X fit commencer des églises, percer des rues, construire des ponts.

Enfin, jamais Paris n'a reçu autant d'embellissements que sous le règne de Louis-Philippe. Cette ville grandit d'une manière miraculeuse, glorieuse de ses établissements, de son industrie, appelant l'étranger à venir y puiser des sources de plaisir et d'instruction.

Les Parisiens sont encore en grande partie les Gaulois de César : bons et ingénieux, légers et taquins; leur imagination s'exalte aisément; leur courage est capable des plus grandes choses · ils passeront une partie de leur vie à rire et à chercher les plaisirs, l'autre à se battre et à faire des prodiges. Au reste, leurs mœurs varient suivant les professions et suivant les quartiers. La haute société est élégante, sa conversation est fine et délicate. La bourgeoisie possède parfois une instruction très-étendue. Elle parle avec franchise et a des manières agréables. Le marchand est intelligent; il est ennemi des révolutions; son langage est parfois empreint d'un ton de plaisanterie plus ou moins railleuse. Le manouvrier travaille toute la semaine et fait des excès le dimanche et surtout les lundi; les guinguettes des barrières absorbent le produit de ses labeurs; il est parfois instruit, souvent spirituel, et s'oublie pour obliger son ami; c'est toujours lui qui est chargé du coup de collier des révolutions. L'étudiant est un oiseau de passage, livré à l'étude et au plaisir.

En résumé, tout est à Paris : les sciences et les arts y ont leurs adeptes, les plaisirs y ont leurs néophytes, la badauderie ses admirateurs. Aux hommes d'études les bibliothèques, les musées, et le plus souvent la solitude; aux dandys, les jeux et les grottes des jardins Mabile et du Château-Rouge, les bals Valentino, les promenades au bois de Vincennes ou à celui de Boulogne; aux ouvriers les danses de la Chaumière, du Vauxhall, du Prado; et aux oisifs, peu fortunés, les tours de force et les parades des Champs-Élysées. A tous, le Jardin-des-Plantes, le jardin des Tuileries, le Luxembourg, le jardin du Palais-Royal, parce qu'il y a là des sujets de jouissance pour tous.

Célébrités de Paris. — Il n'est pas de ville au monde qui ait produit autant de grands hommes en tout genre. Voici les noms de ceux qui méritent le plus d'être connus. Dans les sciences mathématiques : d'Alembert, Fréret, César Cassini, de Thury, Clairault, Lavoisier, Bailly et le médecin Bordenave; dans les sciences géographiques : d'Anville, Buache, Chardin, la Condamine et Bougainville; parmi les érudits se présentent Bignon, les deux Robert Estienne et les deux Henri Estienne, Fréret, Lelong, Petits de Lacroix et le comte de Caylus; parmi les philosophes et les moralistes : Mallebranche, Helvétius, Voltaire (né à Chatenay, banlieue de Paris), Charron et Nicolle; parmi les historiens · l'abbé Crevier, le président Hainault, Lebeau; parmi les hommes d'État : Achille de Harlay, Richelieu, Seguier, de Thou, les trois Turgot, Lamoignon de Malesherbes, Herault de Séchelles; parmi les poètes et les littérateurs · Molière, Despréaux, Claude et Charles Perrault, Quinault, Regnard, Lamothe, J.-B. Rousseau, Santeuil, Scarron, La Harpe, Dorat, Lemierre, Marivaux, Beaumarchais, Legouvé, Mercier, Sedaine, Picard, etc.; parmi les guerriers : Catinat, le grand Condé, l'amiral d'Estaing, le prince Eugène de Savoie, etc.; parmi les artistes : Lesueur, Lebrun, les deux Boullogne, David et Drouais, Jean Goujon et Chaudet, Claude Perrault, Mansard, Lenôtre, Lekain et Lepautre; parmi les typographes : Gilles, Beys, les deux Estienne, Cramoisy, les Didot, etc. Nous pourrions citer bien des femmes illustres; nous nous contenterons de nommer : Élisabeth-Sophie Chéron, madame Deshoulières, Ninon de l'Enclos, mesdames Riccoboni et Rolland.

Superficie de Paris, à diverses époques, depuis Jules-César jusqu'à nos jours.

Sous Jules César, cinquante-six ans avant notre ère, la première enceinte de Paris renfermait. . . . . 15 hect. 28 cent.

Sous Julien, en 752. . . . . . la 2e enceinte.	38	78
— Philippe-Auguste, en 1211, la 3e	252	85
— Charles VI, en 1383 . . la 4e	439	20
— Henri III, en 1581. . . la 5e	483	60
Sous Louis XIII, en 1634 . . la 6e	567 hect.	80 cent.
— Louis XIV, en 1686 . . la 7e	1,103	70
— Louis XV, en 1777. . . la 8e	1,337	12
— Louis XVI, en 1788 . . la 9e	3,370	43
Actuellement.	3,450	»

1er TABLEAU.

DISTANCES LÉGALES DE PARIS

AUX

PRINCIPALES VILLES DE FRANCE ET D'EUROPE.

VILLES.	DÉPARTEMENTS.	Distances.	POPULATION.	VILLES.	DÉPARTEMENTS.	Distances.	POPULATION.
		kilom.				kilom.	
ABBEVILLE.	Somme	157	16 932	ARGENTAN	Orne	193	5 350
Agde	Hérault	801	8 049	Argentat	Corrèze	494	3 156
AGEN (C. R.)	Lot-et-Garonne	609	11 161	Argenteuil	Seine-et-Oise	14	4 377
Aigues-Mortes	Gard	745	3 393	Argenton	Indre	283	4 346
Aiguillon	Lot-et-Garonne	621	4 044	Arlanc	Puy-de-Dôme	467	4 390
Aire	Pas-de-Calais	222	8 522	ARLES	Bouches-du-Rhône.	745	19 406
Aire	Landes	706	4 058	Armentières	Nord	238	6 509
AIX (C. R.—A.)	Bouches-du-Rhône.	762	23 082	ARRAS	Pas-de-Calais	174	20 451
AJACCIO	Corse	1028	9 834	Ars-en-Ré	Charente-Inférieure.	503	3 668
ALAIS	Gard	718	15 261	Asnières	Seine	7	1 000
ALBY	Tarn	680	11 643	Athis	Orne	275	4 449
ALENÇON	Orne	194	13 104	Aubagne	Bouches-du-Rhône.	798	6 208
ALGER	Afrique	1557	135 000	Aubenas	Ardèche	647	4 771
Allassac	Corrèze	468	4 209	Aubervilliers	Seine	7	2 500
ALTKIRCK	Haut-Rhin.	457	3 082	AUBUSSON	Creuse	355	4 988
AMBERT	Puy-de-Dôme	438	7 789	AUCH	Gers.	677	9 099
Amboise	Indre-et-Loire.	208	4 582	Auray	Morbihan	467	3 592
AMIENS (C. R.)	Somme	128	41 405	AURILLAC	Cantal.	554	9 981
Amplepluis	Rhône.	445	4 097	Auriol	Bouches-du-Rhône.	788	5 105
ANCENIS	Loire-Inférieure	353	3 744	Auterive	Haute-Garonne	748	3 268
Anduze	Gard	668	5 238	Auteuil	Seine	7	2 800
ANGERS (C. R.)	Maine-et-Loire	302	36 531	AUTUN	Saône-et-Loire	314	10 350
ANGOULÊME	Charente	439	46 533	AUXERRE	Yonne.	168	11 168
Annonay	Ardèche.	503	9 930	Auxonne	Côte-d'Or	335	4 979
Antibes	Var	929	5 645	AVALLON	Yonne.	249	5 442
Antony	Seine	14	1 200	AVESNES.	Nord	204	2 684
Anzin	Nord	202	4 191	AVIGNON	Vaucluse	684	32 109
APT	Vaucluse	723	5 874	AVRANCHES	Manche	334	7 795
Arbois	Jura.	385	6 898	Ay	Marne.	142	3 130
ARCIS-SUR-AUBE (T.)	Aube	165	2 726	Baccarat.	Meurthe.	370	3 216
Arcueil	Seine	7	2 000	BAGNÈRES	Hautes-Pyrénées.	774	8 322
ARGELÈS	Hautes-Pyrénées.	788	1 579	Bagnères-de-Luchon	Haute-Garonne	848	2 200

VILLES.	DÉPARTEMENTS.	Distances. (kilom.)	POPULATION.
Bagneux	Seine	6	1 000
Bagnolet	Seine	6	2 000
Bagnols	Gard	654	4 909
Bailleul	Nord	250	9 798
Bain	Ille-et-Villaine	375	3 476
Bapaume	Pas-de-Calais	188	3 045
BARBEZIEUX	Charente	473	3 303
BARCELONNETTE	Basses-Alpes	822	1 923
Barjols	Var	818	3 447
BAR-LE-DUC	Meuse	233	12 230
Barr	Bas-Rhin	460	4 288
BAR-SUR-AUBE	Aube	221	4 133
BAR-SUR-SEINE	Aube	201	2 440
Bas-en-Basset	Haute-Loire	494	5 767
BASTIA (c. r.)	Corse	1179	13 048
Batignolles-Monceaux	Seine	3	14 073
Batz	Loire-Inférieure	476	3 577
Baubigny	Seine	13	350
Baud	Morbihan	465	4 737
BAUGÉ	Maine-et-Loire	274	3 476
BAUME	Doubs	448	2 091
BAYEUX	Calvados	254	9 029
BAYONNE	Basses-Pyrénées	788	15 533
BAZAS	Gironde	622	4 340
Beaucaire	Gard	699	9 564
Beaufort	Maine-et-Loire	332	5 308
Beaugency	Loiret	144	4 684
Beaujeu	Rhône	430	3 442
Beaumont	Tarn-et-Garonne	674	4 088
BEAUNE	Côte-d'Or	321	10 585
BEAUPRÉAU	Maine-et-Loire	359	3 246
BEAUVAIS	Oise	72	12 221
Bedarieux	Hérault	712	8 929
BELFORT	Haut-Rhin	423	5 647
BELLAC	Haute-Vienne	448	3 566
Bellème	Orne	464	3 418
Belleville	Seine	5	19 515
BELLEY	Ain	496	3 606
Bercy	Seine	4	4 500
BERGERAC	Dordogne	525	9 728
Bergues	Nord	264	5 712
BERNAY	Eure	152	6 782
BESANÇON (c. r.)	Doubs	387	24 965
BÉTHUNE	Pas-de-Calais	204	6 789
BÉZIERS	Hérault	823	17 216
Billom	Puy-de-Dôme	430	3 864
Bischwiller	Bas-Rhin	484	5 721
Bitche	Moselle	422	3 033
Blain	Loire-Inférieure	398	5 433
BLAYE	Gironde	565	3 598
Bléré	Indre-et-Loire	246	3 417
BLOIS	Loir-et-Cher	175	14 573
Bohain	Aisne	164	3 520
Bolbec	Seine-Inférieure	182	9 254
Bollène	Vaucluse	648	4 768
Bondy	Seine	12	2 500
BONE	Afrique	1569	8 000
Bonnétable	Sarthe	193	5 163
Bonneuil	Seine	6	300
BORDEAUX (c. r.)	Gironde	561	99 512
Boulogne	Seine	9	5 600
BOULOGNE-SUR-MER	Pas-de-Calais	236	27 402
Bourbonne	Haute-Marne	305	3 700
BOURBON-Vendée	Vendée	433	5 464
BOURG	Ain	423	9 039
BOURGANEUF	Creuse	363	3 065
BOURGES (c. r.)	Cher	249	20 447
Bourget (le)	Seine	11	600
Bourgoin (t.)	Isère	513	4 224
Bourg-la-Reine	Seine	9	1 000
Bourg-Saint-Andéol	Ardèche	630	4 288
Bourgueil	Indre-et-Loire	272	3 493
BOUSSAC	Creuse	323	1 001
Bouxwiller	Bas-Rhin	432	3 566
BRESSUIRE	Deux-Sèvres	356	2 085
Brest	Finistère	596	32 682
BRIANÇON	Hautes-Alpes	749	3 205
Briare	Loiret	150	3 239
Brie-sur-Marne	Seine	20	400
BRIEY	Moselle	287	1 900
BRIGNOLLES	Var	849	5 340
Brionne	Eure	145	3 098
Brioude	Haute-Loire	483	4 781
BRIVES	Corrèze	473	8 350
Broquies	Aveyron	670	3 986
Brumath	Bas-Rhin	473	3 474
Burzet	Ardèche	668	3 436
Buzançais	Indre	272	4 381
CAEN (c. r.)	Calvados	223	37 836
CAHORS	Lot	576	11 432
Calais	Pas-de-Calais	270	11 086
CALVI	Corse	1096	4 382
CAMBRAI	Nord	168	17 522
Campan	Hautes-Pyrénées	780	4 058
Cancale	Ille-et-Vilaine	389	5 230
Candat	Cantal	638	3 670
Cannes	Var	924	3 384
CARCASSONNE	Aude	780	17 779
Carentoir	Morbihan	417	5 277
CARPENTRAS (A.)	Vaucluse	677	9 332
Carvin	Pas-de-Calais	203	5 045
Cassel	Nord	264	4 034
CASTELLANNE	Basses-Alpes	799	2 106
Castelnau	Lot	604	4 433
CASTELNAUDARY	Aude	773	9 748
CASTEL-SARRASIN	Tarn-et-Garonne	657	7 008
CASTRES	Tarn	724	17 372
Caudebec	Seine-Inférieure	457	6 054
Caussade	Tarn-et-Garonne	643	4 292
Cavaillon	Vaucluse	705	7 428
Caylus	Tarn-et-Garonne	686	5 452
CÉRET	Pyrénées-Orientales	875	3 343
Cernay	Haut-Rhin	457	3 433
Cette	Hérault	779	12 841
Chabeuil	Drôme	568	4 431
Chalabre	Aude	830	3 385
Challans	Vendée	458	3 832
Chalonnes	Maine-et-Loire	346	4 927
CHALONS	Marne	162	13 163
CHALONS-SUR-SAÔNE	Saône-et-Loire	347	13 465

VILLES.	DÉPARTEMENTS.	Distances.	POPULATION.	VILLES.	DÉPARTEMENTS.	Distances.	POPULATION.
		kilom.				kilom.	
Chambon (T.)	Creuse	358	2 121	Confolens	Charente	449	2 442
Chambon-Fougerolles	Loire	463	4 028	Constantine	Afrique	1877	30 000
Champagnole	Jura	448	3 276	Corbeil	Seine-et-Oise	34	4 412
Champigny	Seine	14	1 800	Corté	Corse	1412	3 503
Champlitte	Haute-Saône	323	3 067	Cosne	Nièvre	481	6 245
Champsecret	Orne	274	4 049	Cossé-le-Vivien	Mayenne	304	3 408
Chapelle (la)	Seine	5	2 500	Cotignac	Var	837	3 554
Charenton-le-Pont	Seine	7	2 200	Couéron	Loire-Inférieure	404	4 214
Charenton-St-Maurice	Seine	9	450	Coulommiers	Seine-et-Marne	62	3 462
Charleville	Ardennes	236	8 608	Courbevoie	Seine	9	2 000
Charlieu	Loire	399	3 689	Courneuve (la)	Seine	11	600
Charolles	Saône-et-Loire	371	3 274	Courpière	Puy-de-Dôme	429	3 562
Charonne	Seine	6	2 400	Coutances (A.)	Manche	340	7 114
CHARTRES	Eure-et-Loire	88	14 753	Coutras	Gironde	536	3 302
Chateaubriand	Loire-Inférieure	349	3 676	Craon	Mayenne	342	3 794
Chateau-Chinon	Nièvre	277	2 885	Craponne	Haute-Loire	545	3 600
Chateaudun	Eure-et-Loire	133	6 153	Crest	Drôme	584	4 895
Chateau-Gontier	Mayenne	294	6 279	Creteil	Seine	11	4 600
Chateaulin	Finistère	571	2 783	Crozon	Finistère	624	8 464
CHATEAUROUX	Indre	254	13 049	Cuers	Var	947	4 450
Château-Renard	Bouches-du-Rhône	730	4 744	Cusset (T.)	Allier	348	5 047
Chateau-Salins	Meurthe	344	2 415	Darnetal	Seine-Inférieure	427	5 947
Chateau-Thierry	Aisne	90	4 721	Dax	Landes	744	5 484
Chatellerault	Vienne	292	9 636	Decazeville	Aveyron	654	4 154
Châtenois	Bas-Rhin	322	3 849	Decize	Nièvre	268	3 358
Chatillon	Seine	8	1 000	Desaignes	Ardèche	574	3 947
Chatillon-sur-Seine	Côte-d'Or	236	4 614	Die	Drôme	629	3 924
Chatillon	Indre	249	3 542	Dieppe	Seine-Inférieure	224	15 890
Chauffailles	Saône-et-Loire	388	3 570	Dieulefit	Drôme	629	4 143
CHAUMONT	Haute-Marne	253	6 037	Dieuze	Meurthe	364	3 895
Chauny	Aisne	106	4 869	DIGNE	Basses-Alpes	764	3 992
Chemillé	Maine-et-Loire	339	4 049	Digoin	Saône-et-Loire	345	3 078
Cherbourg	Manche	343	20 627	DIJON (C. R.)	Côte-d'Or	304	26 484
Chovilly	Seine	8	300	Dinan	Côtes-du-Nord	375	7 081
Chinon	Indre-et-Loire	273	6 569	Dol	Ille-et-Vilaine	348	3 971
Choisy-le-Roi	Seine	13	3 046	Dôle	Jura	354	9 494
Cholet	Maine-et-Loire	362	7 947	Domfront	Orne	254	4 693
Chouzé	Indre-et-Loire	280	3 852	Donzy	Nièvre	197	3 774
Cintegabelle	Haute-Garonne	724	4 046	Douai (C. R. — A.)	Nord	204	17 501
Civray	Vienne	388	2 043	Douarnenez	Finistère	577	3 646
Clairac	Lot-et-Garonne	598	4 842	Doudeville	Seine-Inférieure	170	3 642
Clamart	Seine	9	1 300	Doué	Maine-et-Loire	349	3 445
Clamecy	Nièvre	209	5 623	Doullens	Somme	198	4 004
Clermont	Oise	62	2 393	Dourdan	Seine-et-Oise	51	2 600
CLERMONT	Puy-de-Dôme	380	27 448	DRAGUIGNAN	Var	858	7 943
Clermont	Hérault	709	6 226	Drancy	Seine	10	300
Clichy	Seine	7	4 000	Dreux	Eure-et-Loire	82	6 274
Cluny	Saône-et-Loire	422	4 072	Dugny	Seine	11	600
Cognac	Charente	483	4 008	Dunkerque	Nord	294	24 530
Collioure	Pyrénées-Orientales	869	3 263	Dun-le-Roi	Cher	250	4 097
COLMAR (C. R.)	Haut-Rhin	473	18 649	Durtal	Maine-et-Loire	269	3 452
Colombes	Seine	12	2 000	Eauze	Gers	684	3 840
Combourg	Ille-et-Vilaine	384	4 847	Écommoy	Sarthe	235	3 654
Comines	Nord	237	5 448	Elbeuf	Seine-Inférieure	126	14 349
Commercy	Meuse	274	3 670	Embrun	Hautes-Alpes	699	3 005
Compiègne	Oise	75	8 204	Épernay	Marne	137	5 876
Condé-sur-Noireau	Calvados	269	5 921	ÉPINAL	Vosges	376	10 018
Condé	Nord	213	4 647	Epinay	Seine	11	1 006
Condom	Gers	657	6 700	Ernée	Mayenne	277	5 348
Condrieu	Rhône	512	3 300	Espalion	Aveyron	574	4 222

VILLES.	DÉPARTEMENTS.	Distances.	POPULATION.	VILLES.	DÉPARTEMENTS.	Distances.	POPULATION.
		kilom.				kilom.	
Essonnes	Seine-et-Oise	34	3 612	Guise	Aisne	176	3 217
Estaires	Nord	256	6 845	Hagueneau	Bas-Rhin	485	9 099
ÉTAMPES	Seine-et-Oise	52	7 906	Halluin	Nord	244	4 264
Eu	Seine-Inférieure	191	3 857	Hasparren	Basses-Pyrénées	808	5 365
Évran	Côtes-du-Nord	384	4 163	HAZEBROUCK	Nord	237	7 346
ÉVREUX	Eure	104	10 263	Hennebon	Morbihan	449	4 463
Evron	Mayenne	246	4 074	Henrichemont	Cher	199	3 118
Eymoutiers	Haute-Vienne	422	3 543	Héricourt	Haute-Saône	434	3 518
FALAISE	Calvados	226	7 853	Hesdin	Pas-de-Calais	192	3 284
Fécamp	Seine-Inférieure	283	9 448	Hirson	Aisne	197	3 005
Felletin	Creuse	364	3 364	Hondschoote	Nord	292	3 915
FIGEAC	Lot	622	6 047	Honfleur	Calvados	193	9 407
Firminy	Loire	465	4 306	Hyères	Var	852	9 675
Flers	Orne	238	6 443	ILE SAINT-DENIS	Seine	8	300
FLORAC	Lozère	604	1 792	Ille	Pyrénées-Orientales	867	3 471
Florensac	Hérault	810	3 454	Illiers-Saint-Hilaire	Eure-et-Loire	143	3 946
FOIX	Ariège	769	4 744	Isigny	Calvados	284	2 352
FONTAINEBLEAU	Seine-et-Marne	60	7 477	ISSOIRE	Puy-de-Dôme	448	5 063
Fontenay-aux-Roses	Seine	9	1 100	ISSOUDUN	Indre	255	11 893
FONTENAY-LE-COMTE	Vendée	440	7 175	Issy	Seine	8	3 600
Fontenay-sur-Bois	Seine	10	1 600	Ivry	Seine	8	3 500
Forbach	Moselle	374	4 288	Iwuy	Nord	177	3 732
FORCALQUIER	Basses-Alpes	792	1 972	Janzé	Ille-et-Vilaine	384	4 304
Fougeray	Ille-et-Vilaine	229	5 256	JOIGNY	Yonne	141	5 800
FOUGÈRES	Ille-et-Vilaine	298	8 889	Joinville	Haute-Marne	260	3 464
Fougerolles	Haute-Saône	397	5 594	Joinville-le-Pont	Seine	10	600
Fréjus	Var	887	2 409	JONZAC	Charente-Inférieure	496	1 887
Fresnay	Sarthe	212	3 460	Kayserberg	Haut-Rhin	483	3 244
Fresne	Nord	214	4 409	Lacaune	Tarn	760	3 965
Fresnes	Seine	28	350	Laigle	Orne	248	5 408
GAILLAC	Tarn	704	8 018	Lamballe	Côtes-du-Nord	435	4 034
Ganges	Hérault	794	4 564	Lambesc	Bouches-du-Rhône	742	3 587
GANNAT	Allier	340	5 400	Lamure	Isère	596	3 406
GAP	Hautes-Alpes	658	7 764	Landernau	Finistère	576	4 752
Gennevilliers	Seine	10	1 500	Landivisiau	Idem	564	3 217
Gentilly	Seine	2	5 400	Landrecies	Nord	190	3 567
Gérardmer	Vosges	421	5 625	Langeais	Indre-et-Loire	251	3 438
GEX	Ain	493	2 804	Langon	Gironde	607	3 922
GIEN	Loiret	148	5 243	LANGRES	Haute-Marne	288	7 454
Gisors	Eure	68	3 566	Languidic	Morbihan	429	6 005
Givet	Ardennes	272	4 436	LANNION	Côtes-du-Nord	548	5 404
Givors	Rhône	506	7 465	LAON	Aisne	130	7 700
GOURDON	Lot	556	5 280	Lauzerte	Tarn-et-Garonne	608	3 444
Gourin	Morbihan	509	3 749	LAVAL	Mayenne	283	16 028
Gournay	Seine-Inférieure	93	3 210	LAVAUR	Tarn	693	6 906
Gramat	Lot	597	3 538	LECTOURE	Gers	646	6 187
Granville	Manche	328	7 940	Légé	Loire-Inférieure	424	3 404
GRASSE	Var	906	10 906	LESPARRE	Gironde	630	1 232
Graulhet	Tarn	707	5 167	Levroux	Indre	237	3 150
Gravelines	Nord	272	4 840	Lezoux	Puy-de-Dôme	406	3 604
GRAY	Haute-Saône	350	6 686	Lhay	Seine	9	400
Grenade	Haute-Garonne	683	4 284	LIBOURNE	Gironde	544	8 828
Grenelle	Seine	8	2 000	Ligny	Meuse	249	3 407
GRENOBLE (c. R.)	Isère	557	25 526	LILLE	Nord	222	63 063
Guebwiller	Haut-Rhin	471	3 842	Lillers	Pas-de-Calais	208	4 879
Guer	Morbihan	403	3 773	LIMOGES (c. R.)	Haute-Vienne	380	26 526
Guérande	Loire-Inférieure	469	8 404	LIMOUX	Aude	805	6 676
GUÉRET	Creuse	330	4 332	LISIEUX	Calvados	176	10 547
GUINGAMP	Côtes-du-Nord	486	6 434	LOCHES	Indre-et-Loire	238	4 437
Guines	Pas-de-Calais	280	4 038	LODÈVE	Hérault	692	10 332

VILLES.	DÉPARTEMENTS.	Distances. (kilom.)	POPULATION.
Lombez	Gers	722	1 544
Longué	Maine-et-Loire	294	4 287
LONS-LE-SAULNIER	Jura	397	7 923
Lorgues	Var	853	4 044
LORIENT	Morbihan	489	18 479
Loriol	Drôme	578	3 460
Lorme	Nièvre	247	3 214
LOUDÉAC	Côtes-du-Nord	475	6 449
LOUDUN	Vienne	298	4 980
LOUHANS	Saône-et-Loire	385	3 593
Lourdes (T.)	Hautes-Pyrénées	772	3 996
LOUVIERS	Eure	140	9 823
Louvigné	Ille-et-Vilaine	304	3 534
Lubersac	Corrèze	451	3 768
Luçon	Vendée	465	4 028
Lunel	Hérault	739	6 406
LUNÉVILLE	Meurthe	344	12 285
LURE	Haute-Saône	394	3 044
Luxeuil	Haute-Saône	390	3 825
LYON (c. R.)	Rhône	472	143 977
LES ANDELYS	Eure	101	5 472
L'ARGENTIÈRES	Ardèche	661	3 025
LE BLANC	Indre	343	5 224
Le Cateau	Nord	192	6 880
LA CHARITÉ	Nièvre	209	4 850
LA CHATRE	Indre	277	4 588
LA CIOTAT	Bouches-du-Rhône	823	5 816
La Côte-Saint-André	Isère	536	3 826
Le Creusot	Saône-et-Loire	326	4 042
La Fère	Aisne	128	3 944
Laferté-Macé	Orne	234	5 493
La Ferté-sous-Jouarre	Seine-et-Marne	63	4 405
LA FLÈCHE	Sarthe	256	6 207
La Guerche	Ille-et-Vilaine	340	4 412
LE HAVRE	Seine-Inférieure	213	26 450
L'Ile-en-Jourdain	Gers	747	5 042
Lillebonne	Seine-Inférieure	172	3 580
L'ISLE	Vaucluse	703	6 201
L'Isle-d'Alby	Tarn	684	4 951
Le Loroux	Loire-Inférieure	392	4 898
Le Luc	Var	836	3 421
Le Lude	Sarthe	252	3 280
LE MANS	Sarthe	214	22 393
Les Martigues	Bouches du Rhône	800	7 724
Le Nouvion-en-Thié	Aisne	184	3 045
LA PALISSE	Allier	314	2 345
LE PUY	Haute-Loire	508	13 594
Le Quesnoy	Nord	217	3 434
LA REOLE	Gironde	625	3 752
Les Riceys	Aube	214	3 455
LA ROCHELLE	Charente-Inférieure	472	13 882
La Seyne	Var	838	6 560
LA TOUR-DU-PIN	Isère	528	2 050
Le Val-d'Ajol	Vosges	408	6 757
LE VIGAN	Gard	674	4 924
MACON	Saône-et-Loire	402	11 293
Magnac-Laval	Haute-Vienne	411	3 460
Maisons-Alfort	Seine	7	4 500
Malaucène	Vaucluse	687	3 214
MAMERS	Sarthe	448	5 679

VILLES	DÉPARTEMENTS.	Distances. (kilom.)	POPULATION.
Manosque	Basses-Alpes	755	5 220
MANTES	Seine-et-Oise	55	4 218
Marans	Charente-Inférieure	477	4 713
MARENNES	Charente-Inférieure	489	4 440
Maringues	Puy-de-Dôme	383	4 191
MARMANDE	Lot-et-Garonne	645	7 603
Marseillan	Hérault	784	3 484
MARSEILLE	Bouches-du-Rhône	794	147 491
MARVEJOLS	Lozère	549	4 442
Massat	Ariége	802	9 001
Massevaux	Haut-Rhin	437	3 246
Maubeuge	Nord	218	6 031
MAULÉON	Basses-Pyrénées	777	1 445
MAURIAC	Cantal	604	3 265
Mauron	Morbihan	432	3 950
MAYENNE	Mayenne	253	8 922
Mazamet	Tarn	740	8 584
Mazères	Ariége	737	3 390
MEAUX	Seine-et-Marne	44	7 972
Mehun	Cher	245	3 330
MELLE	Deux-Sèvres	394	2 687
MELUN	Seine-et-Marne	44	6 720
MENDE	Lozère	567	5 426
Mer	Loir-et-Cher	158	3 686
Merville	Nord	233	6 282
METZ (c. R.)	Moselle	346	39 767
Meung	Loiret	135	4 424
Mèze	Hérault	179	4 338
MÉZIÈRES	Ardennes	234	3 707
MILHAU	Aveyron	625	8 885
Ministral	Haute Loire	488	3 755
MIRANDE	Gers	701	2 506
MIRECOURT	Vosges	346	5 385
Mirepoix	Ariége	804	4 160
MOISSAC	Tarn-et-Garonne	664	10 522
MOLSHEIM	Bas-Rhin	443	3 227
Meymac	Corrèze	475	3 377
Monein	Basses-Pyrénées	779	5 368
Monflanquin	Lot-et-Garonne	589	5 073
MONFORT-SUR-MEU	Ille-et-Vilaine	374	4 745
Montagnac	Hérault	807	3 454
Montaigut	Tarn-et-Garonne	643	4 073
MONTARGIS	Loiret	440	7 470
MONTAUBAN	Tarn-et-Garonne	636	21 752
MONTBÉLIARD	Doubs	441	4 107
MONTBRISON	Loire	443	5 762
MONT-DE-MARSAN	Landes	694	4 469
MONTDIDIER	Somme	421	3 749
MONTÉLIMART	Drôme	604	7 820
Montereau	Seine-et-Marne	73	4 450
Montesquieu	Haute-Garonne	730	3 745
Montivilliers	Seine-Inférieure	247	3 845
MONTLUÇON	Allier	358	5 681
Montmartre	Seine	6	5 000
MONTMÉDY	Meuse	284	4 706
MONTMORILLON	Vienne	341	4 672
MONTPELLIER (c. R.)	Hérault	748	35 628
Montreuil-sous-Bois	Seine	16	4 000
MONTREUIL-SUR-MER	Pas-de-Calais	200	3 773
Montrouge	Seine	6	4 000

VILLES.	DÉPARTEMENTS.	Distances. (kilom.)	POPULATION.
Moras.	Drôme.	543	4 229
MORLAIX	Finistère.	539	9 759
MORTAGNE	Orne.	156	4 895
MORTAIN	Manche	297	2 541
MOULINS.	Allier.	286	13 854
Mulhouse.	Haut-Rhin.	472	20 129
Munster.	Haut-Rhin.	493	3 350
MURAT	Cantal.	509	2 423
MURET	Haute-Garonne.	707	3 971
Mutzig ,	Bas-Rhin.	441	3 424
NANCY (C. R.)	Meurthe.	317	35 904
NANTES	Loire-Inférieure.	391	76 870
NANTUA.	Ain.	474	3 793
NARBONNE.	Aude.	839	10 741
Nay.	Basses-Pyrénées.	807	3 222
Nemours.	Seine-et-Marne.	76	3 548
NÉRAC	Lot-et-Garonne.	635	7 062
NEUFCHATEAU.	Vosges.	310	3 509
NEUCHATEL.	Seine-Inférieure.	133	3 426
Neuilly.	Seine.	6	9 387
NEVERS	Nièvre.	234	13 995
NIORT.	Deux-Sèvres.	408	17 035
NISMES. (C. R.)	Gard.	713	44 180
NOGENT-LE-ROTROU.	Eure-et-Loire.	144	6 852
Nogent-sur-Marne.	Seine.	8	1 500
NOGENT-SUR-SEINE.	Aube.	104	3 365
Noirmoutiers.	Vendée.	518	7 590
Noisy-le-Sec.	Seine.	12	2 000
NONTRON.	Dordogne.	468	3 484
Nort.	Loire-Inférieure.	385	5 561
Noyon.	Oise.	99	5 545
Nuits.	Côte-d'Or.	323	3 034
NYONS	Drôme.	721	3 251
Obernay	Bas-Rhin.	452	4 898
OLORON.	Basses-Pyrénées.	788	6 566
ORANGE.	Vaucluse.	653	8 545
Orbec.	Calvados.	168	3 250
Orchies.	Nord.	209	3 568
ORLÉANS (C. R.)	Loiret.	18	39 023
Orly.	Seine.	14	525
Ornans.	Doubs.	413	3 040
ORTHEZ.	Basses-Pyrénées.	744	6 924
PAIMBŒUF	Loire-Inférieure.	433	3 775
Paimpont.	Ille-et-Vilaine.	396	3 479
Palais.	Morbihan.	523	3 676
PAMIERS.	Ariége.	650	6 480
Panissières.	Loire.	439	3 753
Pantin.	Seine.	12	2 000
PARTHENAY.	Deux-Sèvres.	353	4 471
Passy.	Seine.	6	5 000
PAU. (C. R.)	Basses-Pyrénées.	792	12 434
Pauillac.	Gironde.	608	3 805
Pelussin.	Loire.	520	3 541
PÉRIGUEUX.	Dordogne.	476	10 596
PÉRONNE.	Somme.	430	3 894
PERPIGNAN.	Pyrénées-Orientales.	843	18 493
Pertuis.	Vaucluse.	790	4 380
Pézénas.	Hérault.	804	7 382
Phalsbourg.	Meurthe.	405	3 540
Pierrefitte.	Seine.	8	1 000
PITHIVIERS	Loiret.	85	3 736
Plélan.	Ille-et-Vilaine.	382	3 283
Plessis-Piquet.	Seine.	13	300
Plestin	Côtes-du-Nord.	515	4 355
Pleurtuit.	Ille-et-Vilaine.	385	6 398
Plœmeur.	Morbihan.	494	6 993
PLOERMEL.	Morbihan.	444	4 592
Plougastel-Daouslas.	Finistère.	588	5 734
Plouha.	Côtes-du-Nord.	482	4 848
Pluvignier.	Morbihan.	479	4 587
POITIERS. (C. R.)	Vienne.	335	22 376
POLIGNY.	Jura.	388	5 817
Pons	Charente-Inférieure.	474	4 202
Pont-à-Mousson	Meurthe.	340	7 131
PONTARLIER.	Doubs.	447	4 467
PONT-AUDEMER.	Eure.	470	5 269
Pont-du-Château.	Puy-de-Dôme.	448	3 562
Pont-de-Vaux.	Ain.	407	3 100
PONTIVY.	Morbihan.	452	6 288
PONT-L'ÉVÊQUE.	Calvados.	493	1 900
PONTOISE.	Seine-et-Oise.	32	5 258
Pont-Saint-Esprit.	Gard.	640	4 881
Poullaouen.	Finistère.	606	3 700
PRADES.	Pyrénées-Orientales.	885	3 145
Pratz-de-Mollo.	Pyrénées-Orientales.	902	3 406
Prés-Saint-Gervais	Seine.	6	800
PRIVAS.	Ardèche.	617	4 417
PROVINS	Seine-et-Marne.	86	5 804
Puteaux.	Seine.	11	2 309
Puylaurens.	Tarn.	742	6 095
Quesnoy-sur-Deule	Nord.	205	4 248
QUIMPER	Finistère.	547	9 058
QUIMPERLÉ	Finistère.	504	5 004
Quintin.	Côtes-du-Nord.	471	4 042
RABASTENS	Tarn.	689	5 763
Rambervillers.	Vosges.	404	4 732
RAMBOUILLET.	Seine-et-Oise.	51	3 049
Raon-l'Étape	Vosges.	379	3 512
REDON.	Ille-et-Vilaine.	435	4 241
REIMS. (A.)	Marne.	155	39 485
REMIREMONT.	Vosges.	402	5 099
RENNES (C. R.)	Ille-et-Vilaine.	347	32 407
RÉTHEL.	Ardennes.	192	7 484
Revel.	Haute-Garonne.	738	5 639
RHODEZ	Aveyron.	602	8 476
Ribeauvillé	Haut-Rhin.	449	7 973
RIDÉRAC.	Dordogne.	544	3 559
RIOM (C. R.—A.)	Puy-de-Dôme.	365	10 437
Rive-de-Gier.	Loire.	503	11 486
Rivesaltes.	Pyrénées-Orientales.	853	3 446
ROANNE.	Loire.	390	11 438
ROCHECHOUART.	Haute-Vienne.	421	4 173
ROCHEFORT.	Charente-Inférieure.	469	15 911
ROCROY.	Ardennes.	263	2 945
Romainville.	Seine.	13	839
Romans.	Drôme.	556	8 584
Romilly-sur-Seine.	Aube.	131	3 737
ROMORANTIN.	Loir-et-Cher.	483	7 481
Roquemaure.	Gard.	696	4 471
Roquevaire.	Bouches-du-Rhône.	790	3 448

VILLES.	DÉPARTEMENTS.	Distances.	POPULATION.
		kilom.	
Roscoff	Finistère	559	3 580
Rosny	Seine	9	800
Roubaix	Nord	231	24 638
ROUEN (c. r.)	Seine-Inférieure	122	90 580
Rouffach	Haut-Rhin	490	3 332
Roye	Somme	102	3 593
Rucil	Seine-et-Oise	17	3 764
Ruffec	Charente	390	2 665
Rungis	Seine	11	200
Saar-Union	Bas-Rhin	397	3 354
Sablé	Sarthe	263	4 348
Sables-d'Olonne	Vendée	469	5 076
Saintes (a.)	Charente-Inférieure	453	9 549
Salies	Basses-Pyrénées	756	7 848
Salins	Jura	394	6 944
Salon	Bouches-du-Rhône	760	5 306
Sancerre	Cher	193	3 456
Sarlat	Dordogne	548	5 643
Sarralbe	Moselle	390	3 434
Sarrebourg	Meurthe	390	2 236
Sarreguemines	Moselle	395	4 243
Sartène	Corse	1068	3 094
Sarzeau	Morbihan	479	6 897
Saugues	Haute-Loire	490	3 746
Saulieu	Côte-d'Or	207	2 854
Saumur	Maine-et Loire	298	11 434
Saurat	Ariége	794	5 509
Savenay	Loire-Inférieure	426	1 848
Saverdun	Ariége	735	3 961
Saverne	Bas-Rhin	416	5 445
Sceaux	Seine	12	1 831
Sedan	Ardennes	256	12 235
Sées	Orne	202	4 458
Segré	Maine-et-Loire	334	1 547
Seix	Ariége	797	4 004
Sélestat	Bas-Rhin	441	7 424
Selles-sur-Cher	Loire-et-Cher	202	4 252
Semur	Côte-d'Or	254	4 227
Senlis	Oise	43	5 143
Sens	Yonne	110	9 653
Seurre	Côte-d'Or	348	3 493
Sèvres	Seine-et-Oise	12	4 573
Sézanne	Marne	112	4 398
Sijean	Aude	860	3 703
Sisteron	Basses-Alpes	705	3 708
Soissons	Aisne	97	7 659
Solesmes	Nord	321	5 277
Sommières	Gard	734	3 697
Souillac	Lot	509	3 087
Soultz	Haut-Rhin	467	3 432
Sourdeval	Manche	279	4 409
Stains	Seine	13	1 000
Steenwoorde	Nord	257	3 821
Stenay	Meuse	265	3 044
STRASBOURG	Bas-Rhin	456	64 150
Suresne	Seine	10	1 500
Sainte-Affrique	Aveyron	653	6 086
Saint-Aignan	Loir-et-Cher	243	3 049
Saint-Amand	Cher	263	6 992
Saint-Amand	Nord	213	9 448
Saint-Antonin	Tarn-et-Garonne	634	5 404
SAINT-BRIEUC	Côtes-du-Nord	455	11 266
Saint-Calais	Sarthe	181	3 719
Saint-Céré	Lot	616	3 817
Saint-Chamond	Loire	484	8 034
Saint-Chinian	Hérault	794	3 605
Saint-Claude	Jura	444	5 244
Saint-Denis	Seine	9	8 670
Saint-Didier	Haute-Loire	492	3 742
Saint-Dié	Vosges	395	8 336
Saint-Dizier	Haute-Marne	223	5 546
Saint-Étienne	Loire	469	46 025
Saint-Flour	Cantal	481	5 484
Saint-Gaudens	Haute-Garonne	775	4 965
Saint-Geniez	Aveyron	574	3 641
Saint-Germain-en-Laye	Seine-et-Oise	23	11 932
Saint-Gilles	Gard	730	5 635
Saint-Girons	Ariége	783	3 904
Saint-Hippolyte	Gard	755	4 962
Saint-Jean-d'Angely	Charente-Inférieure	427	5 855
Saint-Jean-de-Bournay	Isère	526	3 492
Saint-Jean-de-Losne	Côte d'Or	332	2 434
Saint-Jean-de-Luz	Basses-Pyrénées	808	1 829
Saint-Jean-du-Gard	Gard	657	4 492
Saint-Julien-en-Jarret	Loire	482	3 203
Saint-Junien	Haute-Vienne	414	5 434
Saint-Laurent-de-Sallanque	Pyrénées-Orientales	857	3 526
Saint-Léonard	Haute-Vienne	402	5 643
SAINT-LO	Manche	285	8 342
Saint-Maixent	Deux-Sèvres	374	4 066
Saint-Malo	Ille-et-Vilaine	376	9 524
Saint-Mandé	Seine	6	2 000
Saint-Marcellin	Isère	566	2 342
Ste-Marie-aux-Mines	Haut-Rhin	419	11 334
Saint-Maur	Seine	11	1 000
Saint-Maximin	Var	800	3 663
Sainte-Menehould	Marne	204	3 984
Saint-Mihiel (A. T.)	Meuse	267	5 207
Saint-Nazaire	Loire-Inférieure	435	3 774
Saint-Omer	Pas-de-Calais	244	18 455
Saint-Ouen	Seine	6	1 000
Saint-Palais (T.)	Basses-Pyrénées	776	1 445
Saint-Paulien	Haute-Loire	488	3 416
Saint-Philbert	Loire-Inférieure	412	3 285
Saint-Pierre-d'Oleron	Charente-Inférieure	545	4 769
Saint-Pierre-les-Calais	Pas-de-Calais	268	8 943
Saint-Pol	Pas-de-Calais	485	3 189
Saint-Pol-de-Léon	Finistère	557	6 300
Saint-Pons	Hérault	773	6 943
Saint-Pourcain	Allier	346	4 636
Saint-Quentin	Aisne	139	21 079
Saint-Remi	Bouches-du-Rhône	720	5 798
Saint-Servan	Ille-et-Vilaine	378	10 094
Saint-Sever	Landes	707	5 070
Saint-Symphorien-de-Loire	Loire	407	3 989
Saint-Tropez	Var	880	3 486
Saint-Waast	Manche	359	3 888
Saint-Valéry	Seine-Inférieure	282	5 329
Saint-Valéry	Somme	177	3 244
Saint-Yrieix	Haute-Vienne	448	7 050

VILLES.	DÉPARTEMENTS.	Distances. (kilom.)	POPULATION.
Tarare	Rhône	434	8 647
Tarascon (T.)	Bouches-du-Rhône	698	10 312
TARBES	Hautes-Pyrénées	753	11 065
Tence	Haute-Loire	521	5 336
Thiais	Seine	10	1 100
Thann	Haut-Rhin	460	5 684
Thiers	Puy-de-Dôme	421	9 743
Thionville	Moselle	344	5 548
Tinchebrai	Orne	252	3 738
Tonnay-Charente	Charente-Inférieure	474	3 435
Tonneins	Lot-et-Garonne	642	6 921
Tonnerre	Yonne	182	4 091
Toul	Meurthe	294	7 037
Toulon	Var	834	34 663
TOULOUSE (c. r.)	Haute-Garonne	687	76 965
Tourcoing	Nord	237	22 366
Tournon	Ardèche	544	4 444
Tournus	Saône-et-Loire	372	5 214
TOURS	Indre-et-Loire	227	24 722
Tréguier	Côtes-du-Nord	545	2 911
Trévoux	Ain	494	1 885
TROYES	Aube	168	24 463
TULLE	Corrèze	469	9 669
Tullins	Isère	544	4 612
Ussel	Corrèze	462	4 468
Uzès	Gard	757	6 699
Valençay	Indre	216	3 229
VALENCE	Drôme	556	11 076
Valenciennes	Nord	200	18 590
Valleraugues	Gard	645	3 853
Vallet	Loire-Inférieure	382	5 583
Valognes	Manche	341	6 465
Valréas	Vaucluse	634	4 569
VANNES	Morbihan	449	10 732
Vanvres	Seine	7	2 500
Varades	Loire-Inférieure	340	3 483
Vassy	Haute-Marne	248	2 481
Vaugirard	Seine	6	7 000
Vauvert	Gard	733	4 175
Vendôme	Loir-et-Cher	172	8 662
Verdun	Meuse	243	10 728
Verdun	Tarn-et-Garonne	660	4 094
Verneuil	Eure	147	3 726
Vernon	Eure	82	5 251
Vernoux	Ardèche	578	3 192
VERSAILLES	Seine-et-Oise	19	29 641
VESOUL	Haute-Saône	362	5 930
Vervins	Aisne	167	2 292
Vic (T.)	Meurthe	347	3 061
Vic-en-Bigorre	Hautes-Pyrénées	770	3 606
Vic-Fézensac	Gers	683	3 365
Vienne	Isère	500	16 477
Vierzon	Cher	198	5 666
Villedieu	Manche	309	3 687
Villefranche	Rhône	440	6 848
Villefranche	Aveyron	657	8 733
Villefranche	Haute-Garonne	722	2 384
Villejuif	Seine	8	1 400
Villemonble	Seine	14	900
Villeneuve	Gard	683	3 671
Villeneuve-d'Agen	Lot-et-Garonne	582	10 788
Villeneuve-le-Roi	Yonne	124	4 483
Villeneuve-sur-Tarn	Haute-Garonne	659	5 472
Villers-Cotterets	Aisne	74	3 484
Villette (la)	Seine	3	5 000
Villetaneuse	Seine	3	400
Vimoutier	Orne	204	4 110
Vincennes	Seine	7	3 000
Vire	Calvados	282	7 082
Vitré	Ille-et-Vilaine	349	8 242
Vitry-le-Français	Marne	195	6 887
Vitry-sur-Seine	Seine	8	2 300
Voiron	Isère	561	7 604
Vouziers	Ardennes	223	2 299
Voreppe	Isère	564	3 005
Wasselonne	Bas-Rhin	431	4 300
Wissembourg	Bas-Rhin	485	5 307
Xertigny	Vosges	392	3 762
Yssengeaux	Haute-Loire	549	7 188
Yvetot	Seine-Inférieure	161	8 784

MARCHE DES MALLES DE 1re SECTION.

DÉSIGNATION des ROUTES.	Distances en kilomètres.	Temps employé. (h.)	PRIX DES PLACES au Départ. (fr. c.)	Retour. (fr. c.)
de Paris				
à Besançon	404	52	75 15	75 15
Bordeaux	565	56	100 65	101 50
Brest	597	44	107 65	107 65
Cherbourg	544	22	61 45	61 45
Calais	270	18	48 65	49 »
Forbach	579	25	68 45	68 45
Le Havre	213	15	39 40	40 15
Lille	211	15	41 60	43 50

DÉSIGNATION des ROUTES.	Distances en kilomètres.	Temps employé. (h.)	PRIX DES PLACES au Départ. (fr. c.)	Retour. (fr. c.)
de Paris				
à Limoges	582	28	68 60	69 65
Lyon	468	34	84 35	85 05
Nantes	592	27	71 55	71 90
Sedan	267	20	47 05	47 05
Strasbourg	456	35	82 05	82 60
Saint-Étienne	465	35	83 15	84 20
Valenciennes	209	15	» »	» »

Ces 13 malles-postes partent tous les jours de Paris à 6 h. du soir ; il en arrive tous les jours le même nombre, de 4 à 6 h. du matin, excepte la malle-estafette de Valenciennes qui n'arrive qu'entre midi et 1 heure.

Ces malles renferment plusieurs places de voyageurs : il n'y en a pas dans celle de Paris à Valenciennes, désigncé sous le nom de malle-estafette. Le poids du bagage d'un voyageur ne peut excéder vingt-cinq kilogrammes ; les valises qui les renferment ne doivent pas avoir plus de soixante-dix centimètres de longueur, quarante de largeur et trente-cinq de hauteur.

(Les malles-postes ne parcourant pas les routes les plus directes, il existe une différence entre les distances ci-dessus et celles du présent Tableau.)

MARCHE DES MALLES DE 2e SECTION.

DÉSIGNATION des ROUTES.	Distances en kilomètres.	Temps employé. (h.)	PRIX DES PLACES au Départ. (fr. c.)	Retour. (fr. c.)
de Bordeaux				
à Bayonne	229	16	40 75	40 10
Nantes	548	25	62 »	64 65
Toulouse	256	16	45 50	45 85
de Limoges				
à Pau	410	28	72 10	72 10
Toulouse	598	25	54 95	55 30
de Lyon				
à Marseille	533	20	» »	» »
Strasbourg	469	56	81 90	81 90

DÉSIGNATION des ROUTES.	Distances en kilomètres.	Temps employé. (h.)	PRIX DES PLACES au Départ. (fr. c.)	Retour. (fr. c.)
de Moulins				
à Montpellier	465	57	81 »	81 »
de Saint-Étienne				
à Marseille	326	24	58 45	58 45
de Toulouse				
à Bayonne	289	21	51 60	51 25
Marseille	448	56	79 80	79 45
de Tours				
au Havre	568	20	66 15	66 15
de Troyes				
à Mulhausen	316	24	56 »	55 65

Ces treize malles-postes sont expédiées des lieux où aboutissent les malles de la première section ou des points intermediaires situés entre ces lieux et Paris ; elles renferment une, deux ou trois places de voyageurs, selon l'importance de la route ; il n'y en a pas dans celle de Lyon à Marseille.

Taxe des Lettres. — Du poids de 7 grammes jusqu'à 40 kilomètres, 2 décimes ; de 41 à 80 kil., 3 décimes ; de 81 à 150 kil., 4 décimes ; de 151 à 220 kil., 5 décimes ; de 221 à 300 kil., 6 décimes ; de 301 à 400 kil., 7 décimes ; de 401 à 500 kil., 8 décimes ; de 501 à 600 kil., 9 décimes ; de 601 à 750 kil., 10 décimes ; de 751 à 900 kil., 11 décimes. La progression des taxes, en raison du poids des lettres, de 7 gram. 1/2 à 10, port et demi, de 10 à 15 gram., deux ports.

TABLEAU DES DISTANCES LÉGALES DE PARIS AUX PRINCIPALES VILLES D'EUROPE.

VILLES.	PAYS.	Distances. (kilom.)	POPULATION.
Alexandrie	Sardaigne	845	34 000
Amsterdam	Hollande	465	220 000
Andrinople	Turquie	2400	400 000
Anvers	Belgique	345	65 000
Arkangel	Russie	3400	10 000
Arnheim	Hollande	440	10 000
Augsbourg	Bavière	735	35 000
Aurich	Hanovre	636	2 550
Bâle	Suisse	488	55 330
Bamberg	Bavière	685	16 500
Barcelonne	Espagne	1024	150 000
Berghen	Norwège	1765	20 000
Berlin	Prusse	1035	240 000
Bois-le-Duc	Belgique	385	14 000
Brandebourg	Prusse	917	12 800
Brême	Allemagne	755	39 000
Breslaw	Silésie	1217	80 000
Bruges	Belgique	296	42 500
Brunswick	Prusse	820	36 000
Bruxelles	Belgique	280	106 000
Cadix	Espagne	1875	72 000
Cantorbery	Angleterre	336	13 000
Carlsruhe	Duché de Bade	520	16 000
Carthagène	Espagne	1615	30 000
Cassel	Hesse-Cassel (élect.).	691	26 000
Constantinople	Turquie	2600	500 000
Copenhague	Danemarck	1225	109 000
Cracovie	Gallicie	1320	33 000
Dantzick	Prusse	1500	60 000
Douvres	Angleterre	316	10 000
Dresde	Saxe	935	70 000
Dublin	Irlande	920	320 000
Dusseldorf	Prusse	455	27 000
Edimbourg	Écosse	1000	160 000
Erfurt	Saxe	756	21 400
Florence	Toscane	1085	80 000
Francfort	Allemagne	525	52 200
Gand	Belgique	300	95 000
Gênes	Duché de Gênes	885	80 000
Genève	Suisse	500	30 000
Gibraltar	Espagne	1860	10 000
Groningue	Hollande	555	145 000
Halle	Saxe	850	20 000
Hambourg	Allemagne	825	120 000
Hanovre	Hanovre	715	25 000
Kœnigsberg	Prusse	605	5 700
La Haye	Hollande	415	50 000
Leeuwrade	Hollande	555	17 000
Leibach	Autriche	1163	12 000
Leipzick	Saxe	865	47 500
Liége	Belgique	360	60 000
Lisbonne	Portugal	1845	260 000
Londres	Angleterre	400	1 600 000
Lubeck	Allemagne	885	26 000
Luxembourg	Belgique	345	9 500
Madrid	Espagne	1285	260 000
Maestricht	Belgique	360	18 600
Magdebourg	Saxe	875	38 000
Manheim	Duché de Bade	525	22 000
Mantoue	Lombardo-Vénitien	956	55 000
Mayenne	Hesse-Darmstadt	505	27 500
Messine	Deux-Siciles	1990	50 000
Middelbourg	Hollande	340	18 000
Milan	Lombardo-Vénitien	845	160 000
Mittau	Russie	1948	12 000
Modène	Duché de Modène	985	27 000
Mons	Belgique	240	20 000
Moscou	Russie	2865	300 000
Munich	Bavière	795	90 000
Munster	Westphalie	565	45 000
Namur	Belgique	295	20 000
Naples	Deux-Siciles	1565	350 000
Nassau	Duché de Nassau	505	320 000
Nuremberg	Allemagne	735	30 000
Nimègue	Hollande	425	18 500
Padoue	Lombardo-Vénitien	1025	54 300
Palerme	Deux-Siciles	2200	170 000
Parme	Duché de Parme	935	36 000
Posen	Prusse	1255	25 000
Prague	Autriche	1025	111 000
Ratisbonne	Bavière	845	21 000
Riga	Russie	1980	61 000
Rome	États-Romains	1345	160 000
Rotterdam	Hollande	400	60 000
Pétersbourg (Saint-)	Russie	2500	400 000
Stettin	Prusse	1120	34 000
Stockholm	Suède	1725	80 000
Stuttgard	Wurtemberg	600	25 000
Tournai	Belgique	235	23 000
Trente	Tyrol (Italie)	900	10 000
Trèves	Prusse	385	15 000
Turin	Sardaigne	725	100 000
Utrecht	Hollande	415	35 000
Varsovie	Pologne	1585	140 000
Venise	Lombardo-Vénitien	1065	180 000
Viatka	Russie	3865	12 000
Vienne	Autriche	1475	340 000
Wurtzbourg	Bavière	655	25 000
Zurich	Suisse	565	14 000
Zwole	Hollande	485	14 000

Mesures linéaires de plusieurs Pays d'Europe comparées avec le kilomètre de France.

Mille d'Allemagne	9 kilom.		Lieue de poste d'Italie	2 kilom.
Mille d'Angleterre	1 — 500 mètres.		Lieue de Pologne	6 — 500 mètres.
Mille de Hollande	6 —		Lieue de Portugal	6 —
Lieue d'Espagne	6 — 500 mètres.		Werste de Russie	1 —